DosMunDos

Cuentos de mellizos, gemelos
y otros hermanos sin igual

A mis mellizos, Mateo y Bruno.
Os quiero hasta donde termina
la última estrella.

A las otras mellizas de mi vida,
Juani y Marci, y su cajita de
zapatos.

Editado por Editorial Planeta, S. A.

Avda. Diagonal, 662-664, 08034 Barcelona (España)
www.planetadelibrosinfantilyjuvenil.com
www.planetadelibros.com

Primera edición: mayo de 2021
ISBN: 978-84-08-24196-6
Depósito legal: B. 5.731-2021
Impreso en España

RAQUEL SÁNCHEZ SILVA

DOSMUNDOS

Cuentos de mellizos, gemelos
y otros hermanos sin igual

Ilustraciones de
Carlos Lluch

DESTINO

«Érase una vez unos padres desorientados, culpabilizados y exhaustos...»

(Reíos.)

Si sois madres o padres de mellizos o gemelos, podríais ser los protagonistas de un cuento que empezara así... Aunque ya os adelanto que, en este que tenéis en las manos, los protagonistas serán ellos. «Ellos», siempre en plural, un binomio que os puede llegar a parecer una multitud.

¿Os parece difícil ser madres o padres de mellizos o gemelos? Probablemente estaréis asintiendo ahora mismo (y yo con vosotros). Pero ¿y si cambiáis la pregunta? ¿Y crecer siendo gemelo o mellizo? ¿Será fácil?

¿Resultará manejable compartirlo todo, desde el primer segundo de vida (por no mencionar los meses de gestación)? ¿Compartir espacio, compartir amigos, compartir cumpleaños e, incluso, compartir el amor de los padres? ¿Quién dijo que ser gemelo o mellizo fuera sencillo?

Os propongo un ejercicio.

¿Os suenan estas frases?:

«Al principio es muy duro, pero luego se tienen el uno al otro.»
«Son como dos gotas de agua.»
«(escribe aquí lo que quieras)______, y encima con dos.»

Y, de repente, ahí estáis vosotros, escuchando una y otra vez las misma coletillas gemelares y prestando atención a los consejos de quien no tiene ni idea de lo que es tener gemelos ni mellizos.

Quizá el mundo gemelar sea especialmente singular.

Quizá nuestros hijos —que han venido al mundo juntos— precisen de una mirada diferente, de una comprensión adecuada a su condición múltiple, de una orientación que haga explotar ese maravilloso punto de partida.

Cuando empecé a leer cuentos con mis hijos, no reparé en un mensaje que me enviaban continuamente, un claro S.O.S. Era una pregunta sencilla que, finalmente, escuché con atención: «Mamá, ¿por qué en el cuento no está su hermano?». Es una reflexión muy lógica: si en su mundo siempre hay un hermano, ¿por qué en sus cuentos no?

Por eso, decidí escribir para ellos y crear historias en las que esos DosMunDos son esenciales y preciosos. Combiné sus nombres. Busqué sus inquietudes como mellizos, sus dudas, sus frustraciones, y cree los mundos de Mabrú y Teono, Vaela y Adalma, y Neo y Noa.

Y logré hacerlo gracias a las ilustraciones de Carlos Lluch, mi artista/soñador favorito, la mano amiga y profesional de la psicóloga Alicia Banderas, la ayuda incansable de mi editor, Jordi Berché, y la confianza de Marta Bueno desde el primer momento.

Y, en ese camino, ocurrió algo inesperado. ¿Qué os parecería si el cuento empezara así?:

«Érase una vez unos padres doblemente comprometidos, doblemente curiosos, doblemente motivados y, por ello, doblemente felices...»

¡Os doy la bienvenida a DosMunDos!

Raquel Sánchez Silva

1

El latido

El día de recoger moras es el favorito de Teono para jugar al escondite.

Él y su hermano, Mabrú, han entrado en el Bosque de los Frutos Silvestres, y Teono se ha camuflado entre los arbustos.

Mabrú avanza solo y lo busca detrás de las cortinas de frambuesas.

Pero, esa tarde, Mabrú tarda mucho en encontrar a su hermano y empieza a ponerse nervioso, porque se está alejando mucho del camino.

«¿Dónde se habrá metido mi hermano?», piensa Mabrú preocupado.

Mabrú atraviesa un grupo de árboles y llega a un claro. Al fondo, hay una ciudad amurallada.

—¡Teono! ¿Dónde estás? Tengo miedo. No conozco este claro ni esta ciudad.

De repente, Teono salta desde la rama de un árbol y asusta a Mabrú.

—Búuuuu!

Mabrú se enfada y su cara se pone del color de las moras.

—No me gusta que me asustes —le dice a su hermano—. Creí que te había perdido.

—Aquí estoy, Mabrú. No pasa nada. Vayamos juntos a ver de cerca esa nueva ciudad.

En la puerta de la ciudad nueva hay un portero viejo. Está sentado en una silla hecha de pequeñas trompetas. Otra trompeta, la más brillante de todas, cuelga de su cuello con un cordel.

—Sed bienvenidos, niños, a la Ciudad de los Latidos. Aquí no importa vuestro nombre. Solo podréis entrar con la firma del latido de vuestro corazón. Ven tú primero —y señala a Mabrú.

El viejo coloca al niño a su lado y encorva su espalda. Se dobla hasta que su oreja está a la altura del pecho de Mabrú. Le coloca su trompetilla en las costillas y dice:

—Ahora, silencio. Shhhhh...

Mientras el viejo portero escucha el latido de Mabrú, traza con la otra mano un dibujo parecido a un pájaro pequeño.

—Ya está —dice al terminar—. Esta es tu firma para entrar en nuestra ciudad. Ahora, ven tú —le pide a Teono.

El viejo se encorva de nuevo y pone la trompetilla en el pecho del niño. Unos segundos después, el anciano comienza a ponerse pálido.

—Es imposible —susurra abriendo mucho los ojos—. ¡Silencio los dos!

Los niños le miran sin saber qué ocurre. El viejo deja de escribir.

—¡Guardias! ¡Guardias! ¡Venid de inmediato! —el viejo se toma un vaso de agua y se come tres moras de la bolsa de Mabrú.

—¿Qué ocurre, portero?

—Ha sucedido algo imposible.

—¿Qué es? —preguntan los guardias, cuyas caras están ahora tan pálidas como la del anciano.

—Estos dos niños tienen el mismo latido del corazón.

—¡Eso no puede ser! —el guardia más alto se lleva las manos a la cara.

—Es el mismo. Lo juro —replica el anciano—. Buscad al hombre sabio.

—No está, viejo portero. Es verano y descansa en su isla frente a la playa de la muralla amarilla.

—Entonces —el viejo se pone en pie—, tendremos que llevarlos hasta allí. Él sabrá qué hacer.

La playa de la muralla amarilla es tan bonita y brillante que parece hecha de polvo de estrellas. Seis delfines esperan en la orilla.

Mabrú y Teono montan a lomos de los delfines que, muy suavemente, se adentran con ellos en el mar.

Pronto aparecen dos ballenas y una cría de cachalote. Mabrú y Teono sienten cómo los protegen.

Todos los animales del océano conocen ya la noticia. Cuando alcanzan la isla, hay cientos de especies a su alrededor.

Al verlos llegar, el hombre sabio baja de la palmera en la que estaba descansando y se acerca a la orilla.

—Gracias, animales del mar. Dejad a los niños en el agua.

—¿Vosotros sois los niños que tenéis el mismo latido del corazón? —les dice el hombre sabio.

—Sí, eso nos ha dicho el portero de la Ciudad de los Latidos.

El hombre sabio, que ha aprendido con los años a respirar bajo el agua, les toma de las manos y, con un silbido, llama a un tiburón ballena.

—Por favor, llévanos al fondo del mar.

Los niños y el hombre sabio se agarran a la aleta gigante del tiburón ballena y se hunden hasta donde el sol no llega: el verdadero fondo del mar.

—Nunca había buceado hasta tan abajo —dice Teono.

—Yo tampoco —añade Mabrú—. Es... oscuro.

—Y silencioso —sonríe el hombre sabio—. Cerrad los ojos y decidme qué escucháis.

Los niños están rodeados por morenas, pulpos, caballitos de mar, atunes y meros, dos leones marinos y un bebé cachalote.

—Silencio todos —les pide el hombre sabio—. Los niños deben escuchar.

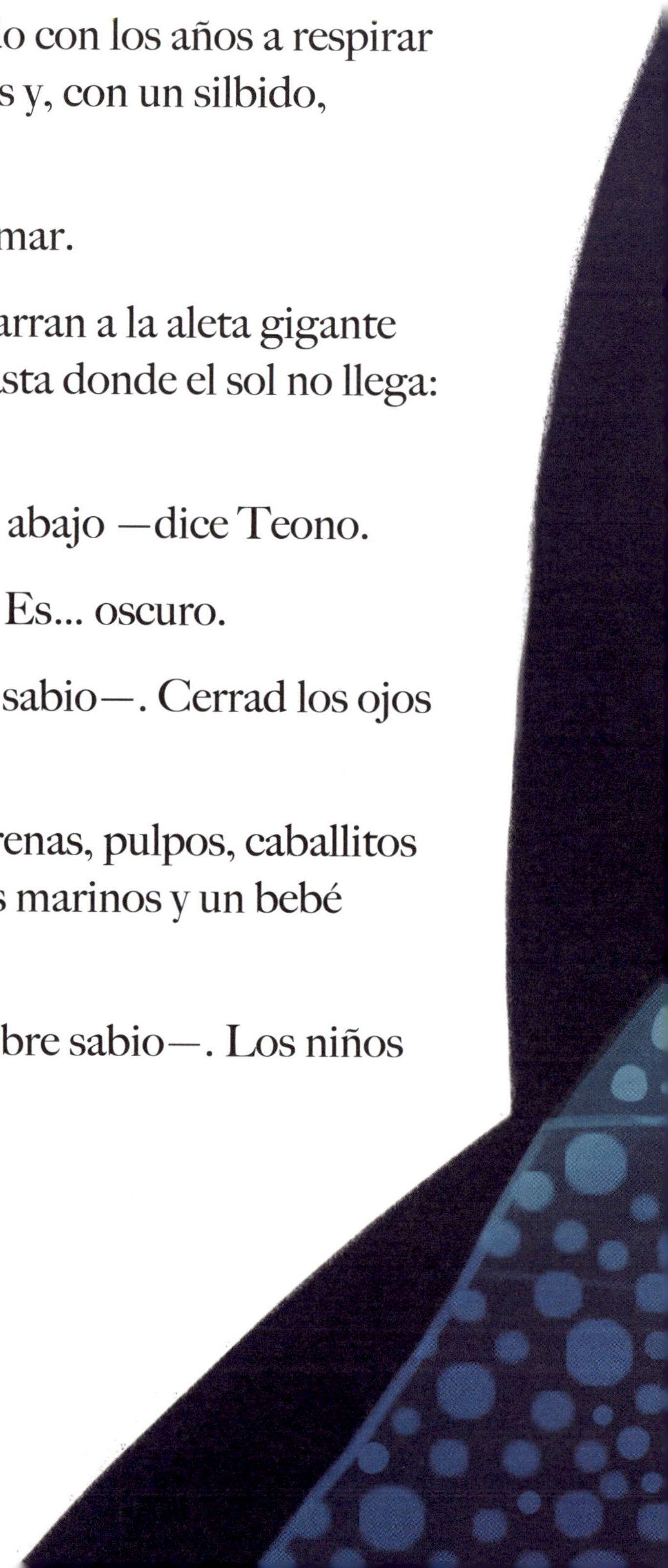

Mabrú y Teono cierran los ojos e intentan escuchar el sonido del fondo del mar. Al principio, no oyen nada. Pero, de repente, como si fuera un rumor muy lejano, comienzan a escuchar un ruido, un golpe que se repite.

Pum, pum... Pum, pum... Pum, pum... Pum, pum...

Teono abre rápidamente los ojos:

—¿Es este el latido de nuestro corazón? Los dos podemos oírlo. ¿Es este, hombre sabio?

—No. Este no es. ¿No reconocéis este sonido?

Los niños se miran. Sí que les suena lo que oyen, lo habían oído antes, como si estuviera dentro de sus sueños.

—Este no es vuestro latido. Es el latido que ambos escuchabais mientras crecíais en la tripa de vuestra mamá. No es el latido de vuestro corazón, sino el del suyo. Todos, cuando estamos en el fondo del mar, oímos el latido del corazón de nuestra mamá.

—¡Ohhhh! Es precioso —dice Mabrú—. Lo recuerdo.

—Me daba calor y mucho sueñito —añade Teono.

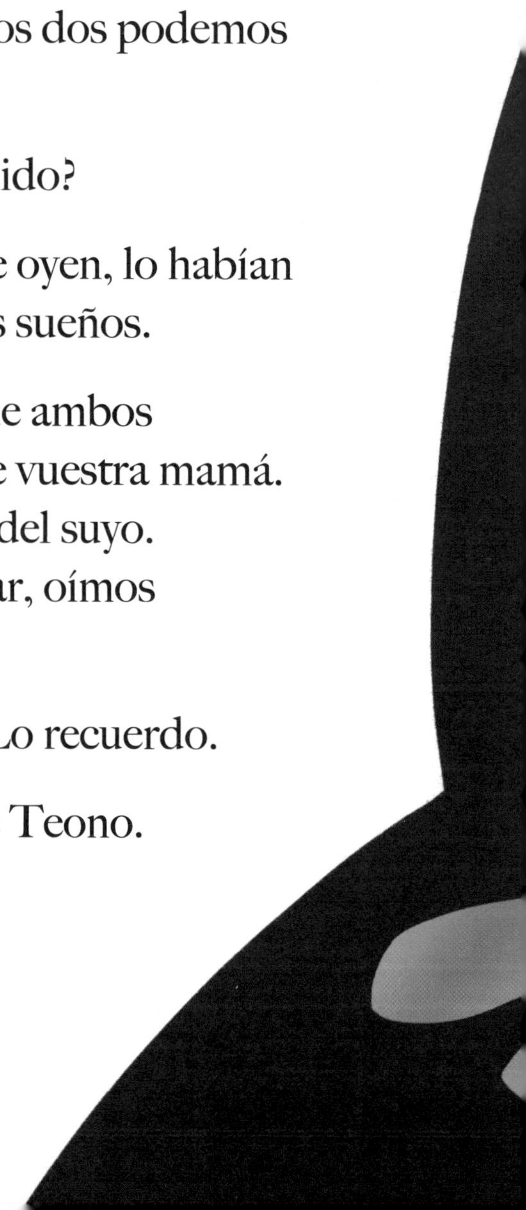

Entonces, el hombre sabio los desplaza en el agua hasta ponerlos frente a frente.

—Quiero que pongáis una mano en el pecho de vuestro hermano. Cerrad los ojos. ¿Qué oís ahora?

Mabrú empieza a sentir un cosquilleo en la mano. Teono también.

Pum, pum... Pum, pum... Pum, pum... Pum, pum...

Los niños abren los ojos y se miran. Respiran a la vez y su pecho crece y se hunde al mismo ritmo. Uno de ellos tose para hacer algo distinto y cambiar el ritmo de su corazón. Pero, cuando lo hace, el corazón de su hermano también da un brinco para seguir sus pasos. Un corazón sigue al otro como dos liebres a través del campo.

—Esta es la prueba: tenéis el mismo latido del corazón. Volvamos a la ciudad para celebrar una fiesta.

Los animales del mar los rodean y chocan sus aletas. Todos están muy contentos. En un remolino de espuma los llevan de vuelta a la playa de la muralla amarilla.

En la ciudad de los latidos, todos celebran con Mabrú y Teono su latido único.

Pum, pum. Cantan.

Pum, pum. Bailan.

Y beben chocolate y comen mazorcas doradas que saben a fresas. Y así, pasan un día entero hasta que se quedan dormidos entre juguetes y flores.

A la mañana siguiente, los hermanos se despiden para emprender su vuelta a los caminos del bosque. El viejo portero les regala una medalla con forma de corazón que se parte en dos.

—Juntos, sois uno. Separados, sois dos —les dice—. Algún día lo comprenderéis.

Cuando Mabrú y Teono vuelven a entrar en el Bosque de los Frutos Silvestres, Teono se para y mira a Mabrú.

—¿Lo ves, Mabrú? Ya nunca tendrás miedo. Porque aunque nos separemos, pase lo que pase...

Mabrú le mira y, con una sonrisa, termina la frase:

— ...Pase lo que pase, yo siempre estoy en tu corazón.

El latido

¿Qué compartimos hablando con ellos?
Su necesidad de apego o vínculo emocional

A Mabrú le encanta vivir muchas aventuras junto a su hermano Teono, pero también aprende que, cuando no están juntos, puede sentir su calor: «Pase lo que pase, yo siempre estoy en tu corazón».

→ Preguntadle a vuestro/a hijo/a: «¿A quién llevas tú en tu corazón?, ¿de quién te sientes inseparable?». Tener esa información os ayudará a conocer con quién cuenta en vuestra ausencia cuando necesita apoyo, favorecerá su seguridad en sí mismo y su resiliencia.

→ Desde los primeros momentos de la vida, la relación entre hermanos gemelos y mellizos es especial: ofrece cariño, apoyo mutuo y compañerismo. Pero ello no les obliga a estar siempre juntos, así que es igual de importante tener relaciones estrechas, cercanas y de empatía con otras personas. Es importante que sientan que en vuestra familia hay LIBERTAD PARA SENTIR y QUERER A QUIEN DESEEN, de modo que no se sientan culpables si desean acercarse a otra persona que no sea su hermano/a.

→ Como todos los niños, los mellizos y gemelos también tienen que pasar por el proceso de separación e individuación de su madre o padre para desarrollar su identidad; sin embargo, para ellos también hay otro gran proceso de separación: el de su hermano/a. Para ello, poco a poco alimentad otras relaciones de amistad y familiares, y animadles a realizar cosas solos y por sí mismos, favoreciendo su independencia y autonomía a la hora de explorar el mundo y a sentir confianza e intimidad con otros. Dejadle que acuda solo a una fiesta de cumpleaños, a casa de sus abuelos o a cualquier otro plan alternativo con el que disfrutar con otros. ¡Que no se pierdan esta experiencia única!

¿Sabías que...?

Imaginar tener un hermano gemelo es una fantasía universal. Muchos niños y niñas fantasean con esta idea por sus ganas de tener a alguien cercano, de no sentirse solos y su deseo de ser completamente comprendidos.

Atrévete

Mabrú y Teono son dos niños tranquilos, reflexivos... pero también curiosos, atrevidos, valientes y abiertos a vivir nuevas y asombrosas experiencias: «¡Vayamos juntos a ver de cerca esa nueva ciudad!».

- Si tienes un hermano gemelo o mellizo, ¿cómo le contarías a un amigo tu experiencia o sensación de vivir con un hermano así?
- Dibuja lo que más feliz te hace estando con él o ella, o lo que te gustaría hacer y explorar sin él o sin ella.

2

Necesito mi espacio

Mabrú y Teono juegan a las carreras en una playa vacía
en Península Valdés, la bahía en la que viven
las ballenas francas australes.

Algunas veces gana Mabrú. Y otras, Teono.

Tienen los pies mojados y espuma en los tobillos.
Se sientan y empiezan a hacer un agujero en la arena.

Dos olas vienen y se unen en la orilla. Luego viene una sola.
Y después, otra.

—Quiero estar solo —le dice Teono a Mabrú—. Siempre estoy contigo.

—Yo también quiero estar solo —le responde Mabrú a Teono—. Siempre estoy contigo.

Los dos miran al cielo y dicen a la vez:

—Necesito mi espacio.

En ese momento, el cielo se pone un poco oscuro. No es de día. Ni es de noche.

Mabrú y Teono miran por encima de las nubes y ven algo imposible. El Sol y la Luna están juntos en el mismo cielo.

—Mabrú, Teono, ¿sois vosotros los hermanos mellizos que siempre juegan juntos? —pregunta el Sol.

—Teono y Mabrú, ¿sois vosotros los hermanos que comen y duermen juntos? —pregunta la Luna.

—Esos somos nosotros —responden los niños.

—¿Estáis seguros de que queréis estar solos? —pregunta el Sol.

—Nosotros siempre estamos solos —susurra la Luna.

—Nosotros somos como hermanos mellizos pero nunca estamos juntos porque tenemos nuestro espacio —añade el Sol—. El mío es el día.

—Y el mío, la noche —dice la Luna.

—Cuando yo me despierto, mi hermana, la Luna, se va a dormir —dice el Sol.

—Cuando yo me despierto, mi hermano, el Sol, se va a dormir —dice la Luna.

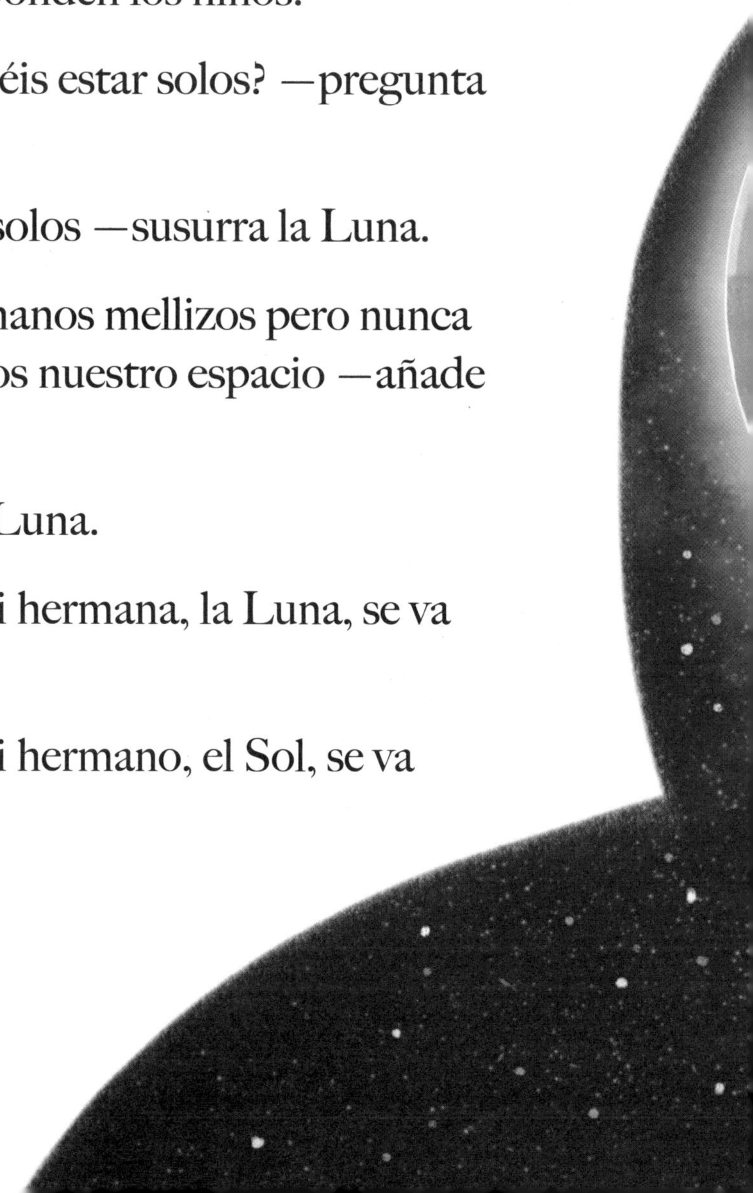

—No nos vemos casi nunca. No podemos hablar, ni jugar juntos —cuentan el Sol y la Luna.

—¿Estáis seguros de que queréis estar solos?

—Sí, queremos —dicen Mabrú y Teono muy serios.

—Entonces, venid.

Un rayo cae en medio del mar y el cielo se llena, a la vez, de nubes y estrellas. El Sol se acerca hasta Teono y le abre su puerta de luz amarilla. La Luna se acerca hasta Mabrú y le abre su puerta de luz azul. Los hermanos entran en el Sol y la Luna. Y cada uno se va a su lugar. El Sol, a su día, y la Luna, a su noche.

Toda la bahía se llena de ballenas que flotan en el agua con la barriga hacia arriba.

Desde ese día, como si vivieran dentro de una noria, Mabrú y Teono se cruzan en el cielo. Cuando el Sol de Teono se esconde detrás de las montañas, la Luna de Mabrú sube hasta el cielo estrellado como un globo gigante. Los hermanos mellizos se ven durante unos segundos, pero no les da tiempo a decirse nada, ni a jugar.

Duermen solos y comen solos dentro del Sol y la Luna. Durante el día, Teono puede ver pasar las nubes, pero no puede jugar a adivinar animales porque Mabrú no está. Es muy aburrido hacerlo solo. Por la noche, Mabrú mira las estrellas, pero no puede jugar a esconderse tras su brillo porque no tiene a Teono. Nadie puede jugar al escondite solo.

Un atardecer, justo cuando Mabrú empieza a sentir que la Luna sube como un ascensor, abre la puerta azul y grita:

—¡Teonooo...!

Al momento, recibe la respuesta:

—¡Mabrúuu...!

—¡Te echo de me...! —sigue Teono, pero Mabrú ya no puede escuchar el mensaje completo porque está demasiado lejos.

Desde esa noche, cada atardecer y cada amanecer, todos los pájaros del mundo escuchan como Mabrú y Teono lloran cuando el Sol y la Luna se cruzan.
Eso les hace sentir tan tristes que, al final, un día, deciden ayudarlos: águilas, buitres, colibríes, canarios, periquitos, loros, cigüeñas, petirrojos, cuervos, cernícalos, gansos, patos y cormoranes, y todo tipo de aves pequeñas y grandes vuelan juntas hacia el horizonte, la línea que separa el cielo del mar.

Cuando llegan, se dividen en dos grandes grupos: unos se posan en un extremo del horizonte y el otro, en el contrario. Son millones de pájaros. Tantos que, con su peso, logran doblar el horizonte hasta que parece una «U» al revés.

Esa noche, cuando la Luna quiere salir, se choca con el Sol como si fueran dos pelotas gigantes. Es el atardecer más largo de la historia porque ni el Sol puede esconderse e irse a dormir, ni la Luna puede subir y desperezarse entre las estrellas. De repente, el Sol y la Luna se dan cuenta de lo que está pasando.

—Nosotros también los hemos oído llorar —dice el Sol a los pájaros que doblan el horizonte.

—Pero ellos nos pidieron estar solos —añade la Luna.

Los pájaros miran hacia otro lado. «No nos iremos sin ayudar a Mabrú y a Teono». El Sol y la Luna se dan cuenta de que no hay nada que puedan hacer. Una de las aves más majestuosas, un águila calva gigante, dice:

—No volveremos a volar si ellos lloran. Solo podemos volar cuando estamos contentas.

El Sol y la Luna se miran y deciden abrir sus puertas de luz amarilla y azul. Al hacerlo, los hermanos salen corriendo y se abrazan muy fuerte.

—Ya no quiero estar siempre solo, Mabrú —le dice Teono.

—Yo tampoco, Teono. Quiero jugar, dormir y comer contigo.

Los niños ríen y, con su sonrisa, los millones de pájaros echan a volar. El horizonte recupera su forma en línea recta y el Sol, por fin, puede irse a dormir, y la Luna salir a iluminar la oscuridad de la noche.

—Adiós, Mabrú —dice la Luna.

—Adiós, Teono —dice el Sol en medio de un bostezo.

Los niños llegan a la playa volando a lomos de dos imponentes cigüeñas. Después de despedirse de ellas y darles las gracias, se miran:

—A veces quiero estar solo —le dice Teono a Mabrú—, pero solo a veces.

—Algún rato —responde Mabrú a Teono—, pero solo un rato.

Necesito mi espacio

¿Qué compartimos hablando con ellos?
Expresar sentimientos verdaderos y auténticos

Después de jugar y disfrutar juntos en la playa, Teono y Mabrú sienten que quieren estar solos: «Necesito mi espacio», se dicen el uno al otro.

➔ La relación entre gemelos y mellizos es muy cercana, poseen una gran conexión emocional, pero también afrontan sentimientos difíciles de manejar entre ellos como la envidia, la competencia y la rivalidad. Pueden sentir la necesidad de estar solos y de tener su propio espacio, como les ocurre a nuestros dos protagonistas, o de tener sus propias cosas, exclusivas de uno de los dos: juguetes, utensilios, etc. Recordad: cada uno tiene sus propios sentimientos, maneja sus emociones de manera distinta y tiene anhelos diferentes.

➔ Por su estrecha relación y por su gran parecido físico, parece que estuvieran obligados a querer estar siempre juntos o a no poder sentir alguna emoción desagradable con respecto a su hermano. Cuando los escucháis decirle al otro frases como: «¡Déjame en paz!» o «!Vete, quiero estar solo!», es posible que se os disparen las alarmas y saltéis de inmediato: «No le digas eso a tu hermano, podéis estar estupendamente jugando juntos», seguido de alguna frase inculpatoria: «No le hagas sentirse mal, sois hermanos y os queréis mucho». Entended que el hecho de que uno necesite expresar que quiere tener su espacio propio no implica que no quiera a su hermano, solo que necesita un momento para sí mismo, y tiene derecho a expresarlo y a vivirlo.

➔ Es importante que, como padres, os sintáis cómodos con las diferencias que hay entre ellos: permitidles expresar emociones desagradables, pero a la vez animadlos a mantener su cercanía. ¡Este sería un buen equilibrio!

¿Sabías que...?

No existen emociones positivas o negativas. Si las calificamos así, parece que emociones como la ira o el enfado no se pudieran sentir: «¡No te enfades!», «¡No estés triste!», «¡No tengas miedo!». Todas las emociones SON VÁLIDAS para expresar lo que sentimos. Aunque la ira o el enfado son ciertamente difíciles de manejar, todas nos sirven para adaptarnos a la vida. El objetivo no es no sentirlas sino manejarlas para que no nos dañen a nosotros mismos ni a los demás.

Atrévete

Crea tu propio espacio: tu galaxia de colores.

Utiliza: 1 tupper o 1 plato hondo • Colorante alimentario de diferentes colores • Leche • Jabón líquido quitagrasa • Bastoncillos de los oídos

Vierte la leche en el recipiente, añade unas gotas de colorante de los distintos colores de manera arbitraria en la parte del centro (o en puntos concretos). Moja el bastoncillo de los oídos en el jabón quitagrasa, acércalo a la leche con el colorante y... ¡Tachán! ¡Descubrirás la magia! Puedes seguir moviéndolo según te lleve tu imaginación.

3

Me falta algo

El timbre del colegio suena como una pandereta gigante. Es la hora de sentarse. La clase va a empezar.

Vaela ha sido la última en entrar y, mientras la profesora da los buenos días, saca de su mochila su cuaderno y dos lápices.

La profesora observa a Vaela, que sigue rebuscando dentro de su bolsa. Parece no encontrar algo.

—Vaela, ¿podemos ayudarte?

Vaela, sin mirar a la profesora y con cara seria, coloca la mochila encima de la mesa y se pone de pie en la silla.

—Me falta algo pero no sé qué es.

En ese momento, la niña mete medio cuerpo dentro de su mochila y empieza a sacar todo lo que hay dentro: la merienda, una goma de pelo amarilla, dos horquillas con pelotas de colores, un rotulador seco sin capuchón, dos pañuelos de papel...

Vaela va lanzando mil objetos como si fuera una fuente. La niña sale con el pelo hecho una bola llena de nudos y mira a los demás con cara triste.

—Me falta algo pero no sé qué es.

Los niños de la clase se miran sin saber bien qué hacer hasta que Beltrán, el más hablador, propone:

—¡Busquemos lo que le falta a Vaela por toda la clase!

La profesora mira a Vaela, que tiene los ojos muy abiertos y parece perdida.

—Veo que es importante para ti. Te ayudaremos.

La profesora se quita las gafas y la chaqueta y se remanga la camisa.

—¡Busquemos por todos los lugares posibles!

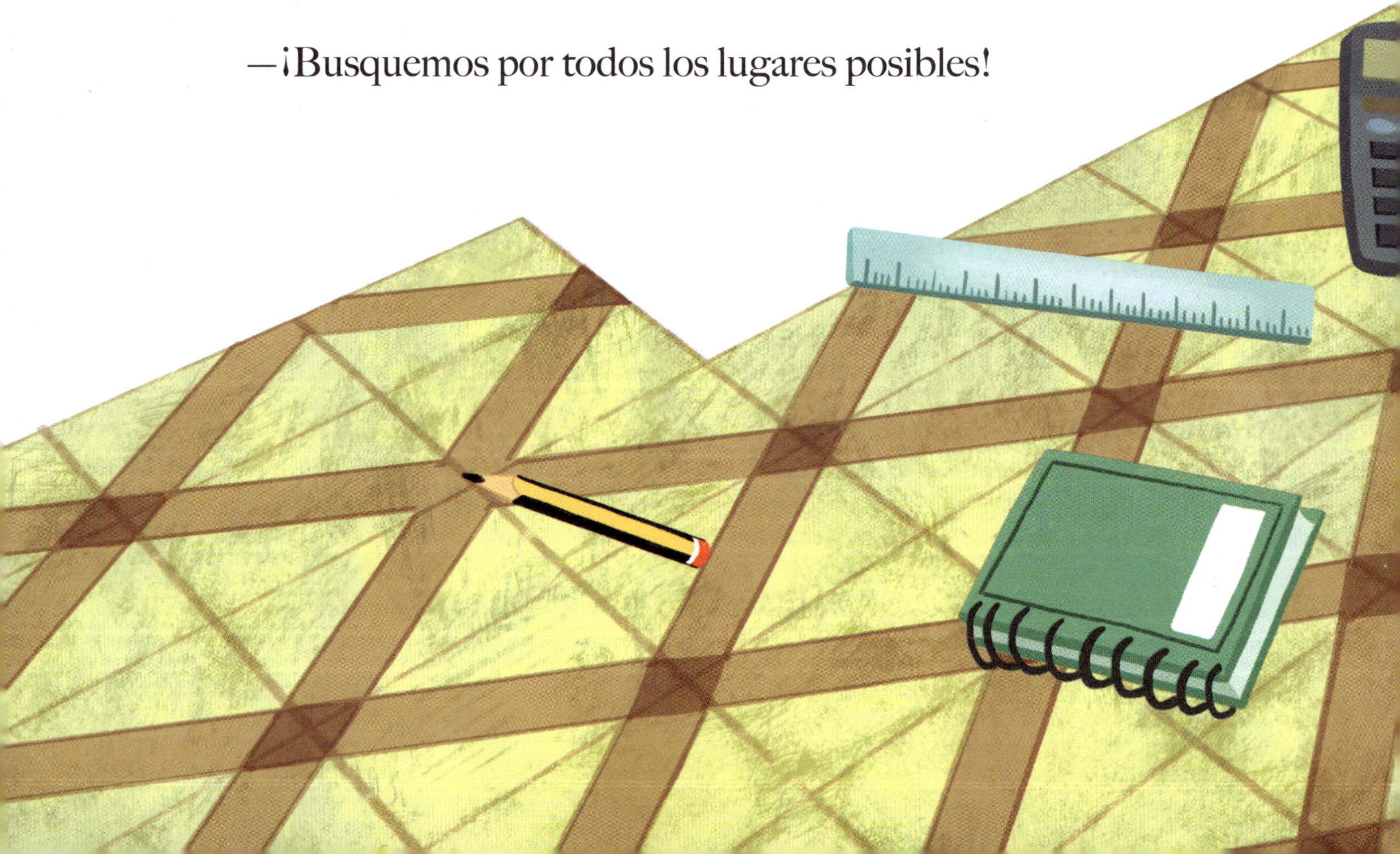

—¿Es está goma de borrar lo que te falta, Vaela?
—¿Es esta terminal?
—¿Es esta cuerda?
—¿Es esta regla?
—¿Puede ser esta calculadora?

Cuando terminan de buscar en los lugares posibles, los niños se miran y le preguntan a Vaela:

—¿Estás segura de que te falta algo?

La profesora parece desanimada. Se sube a una silla y dice:

—Ya hemos buscado por todos los sitios posibles...

Pero Beltrán propone:

—Entonces, ¿por qué no buscamos por sitios imposibles?

—¡Buena idea! —dice la profesora, animándose de nuevo—. ¡A buscar por los sitios más locos!

No hay rincón, por absurdo que parezca, que quede sin registrar:

—Vaela, ¿es esta telaraña lo que te falta?
—¿Y esta canica?
—¿Es este trozo de magdalena?
—¿Lo que te falta es este muñeco ninja?

La profesora, que está subida a la lámpara, se descuelga bocabajo. Parece un murciélago con su pelo rizado colgando. Pone la cara frente a la de Vaela.

—Vaela, sea lo que sea, tenemos que encontrarlo si es importante para ti. ¿Cuándo has sentido que te falta algo?

—Al llegar a clase.

—Anoche, cuando te dormiste, ¿también te faltaba?

—No.

—Muy bien, por lo tanto es algo que se debe de haber quedado en el camino de casa al colegio.

La cara de la profesora se va poniendo roja mientras habla.

—Desandaremos el camino contigo y buscaremos en todos los lugares en los que has estado esta mañana. Antes de entrar en clase, ¿en qué lugar estuviste?

—En el autobús.

—¡Chicos! —dice la profesora—. ¡Todos al autobús!

Ismael, el conductor del autobús, está dormido en su asiento. De repente, abre un ojo, porque el suelo tiembla. Parece que llega una manada de elefantes. Pero no. Son todos los niños de la clase de Vaela, con su profesora con pelo de leona, que entran de golpe en el autobús y empiezan a desmontarlo. Asientos, cortinas, cinturones de seguridad, volante...

—¿Es este guante lo que te falta, Vaela? ¿Y esta linterna? ¿Te falta esta bolsa botiquín? ¿O es esta almohada lo que te falta, Vaela?

—No, no, no, no, no.

—Hemos buscado bajo los asientos, en el maletero, tras las cortinas... ¿Qué nos falta por mirar? —dice la profesora.

—¡En la ropa del conductor! —dice Emma, la niña de rizos amarillos.

—¡Buena idea! —contesta la profesora— ¡Adelante!

Ahora, el conductor, Ismael, corre detrás de los niños por la calle. Va desnudo y se tapa el culete con el volante.

—¡Devolvedme mi ropa!

—¡Vamos, Ismael! ¡Ven con nosotros! ¡Vamos a encontrarlo!

Mientras avanzan a toda prisa, van mirando dentro de las papeleras y levantan piedras que pudieran esconder lo que le falta a Vaela. Allá por donde pisan levantan cada rincón en busca de «eso tan importante que le falta a Vaela».

Cuando llegan a la puerta de la casa de Vaela, es la niña la que llama al timbre. Todos los niños, incluida ella, están sucios por el aceite de motor, las ruedas, las papeleras y el suelo. Parece que les hubiera pasado un huracán por encima.

Oyen los pasos de alguien que se acerca a la puerta.

—Es mi mamá —dice Vaela.

La puerta se abre y la mamá de Vaela da un grito de espanto:

—¡Qué ha pasado? ¿Estáis bien? ¡Pasad!

La mamá de Vaela calienta una buena olla de leche con chocolate y le da un vasito a cada uno.

—¿Por qué estáis aquí? ¿Podéis contármelo ahora? —pregunta mientras abraza a su hija.

La profesora empieza a responder:

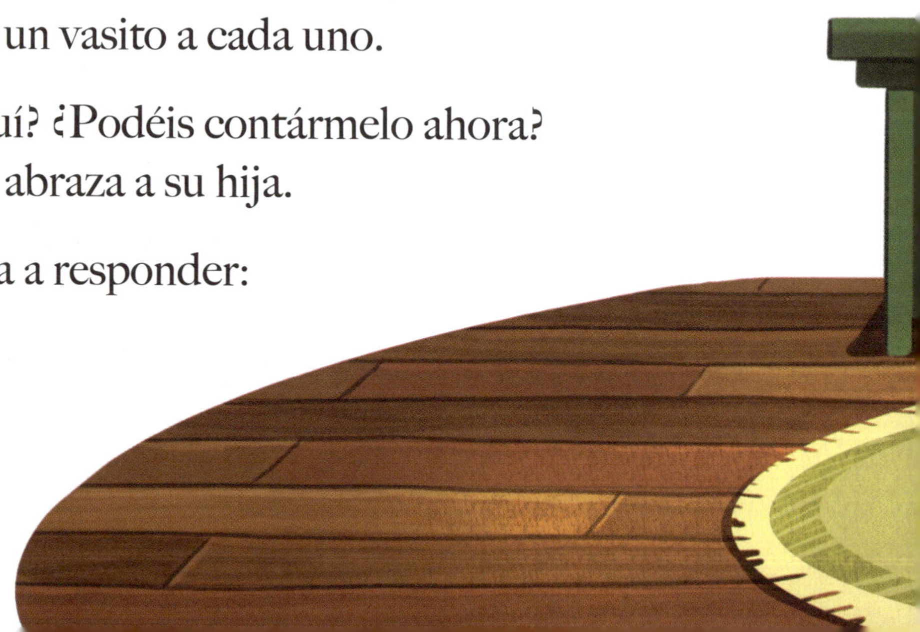

—A Vaela le...

—Me falta algo pero no sé qué es —termina la niña.

—Lo hemos buscado por todas partes, pero no lo encontramos —añade la profesora—. Creemos que tiene que estar en el camino que ha recorrido Vaela de su casa al colegio.

—Entiendo —responde amorosa la mamá de Vaela—. Entonces, tendremos que empezar por su habitación. ¿Me acompañáis?

Los niños despeluchados, la profesora con el pelo hecho una bola y el conductor envuelto en una cortina siguen a Vaela y a su mamá por la escalera.

¿Qué será lo que le falta a Vaela?

La habitación de la niña está al fondo de un pasillo y la puerta está entreabierta. Un rayo de sol se cuela y dibuja una ola en la pared. Unos ruiditos de piezas de madera salen de la habitación.

—¿Qué será lo que le falta a Vaela? —repite la profesora—. Seguro que está en la habitación.

La mamá de Vaela llega a la puerta con la niña a su lado y la abre. Ahora todos pueden ver una habitación abuhardillada con una ventana en el tejado. Toda la luz del cielo entra por el cristal e ilumina a otra niña con el pelo del mismo color que Vaela y que se parece muchísimo a ella. Es Adalma, su hermana gemela. Está descalza y juega con unos cubos grandes de colores. La mamá y la profesora miran a Vaela. Parece, por fin, contenta y relajada.

—Eso era —dice simplemente Vaela.

Echa a correr hasta llegar a la otra niña y se abraza a ella. Todos los niños de la clase entran en tropel en la habitación. El conductor se sienta en un camión gigante y se tapa con un montón de juguetes. La profesora sonríe feliz y pone su mano sobre el hombro de la mamá.

—¿Qué era lo que te faltaba, Vaela? —preguntan los niños—. ¿Eran los cubos de colores?

Vaela niega con la cabeza y Adalma se ríe entre sus brazos.

—¿Es la ventana con sol que hay encima de vosotras?

Vaela tira de un rizo de Adalma que le crece justo en la nuca y dice: «No».

La mamá mira a los niños, a la profesora y al conductor cubierto de juguetes con un vestido de cortina y responde:

—Creo que sé lo que le faltaba a Vaela. Hoy, Adalma se ha levantado con dolor de garganta y no ha podido ir al cole. Sí, creo que eso era lo que le faltaba.

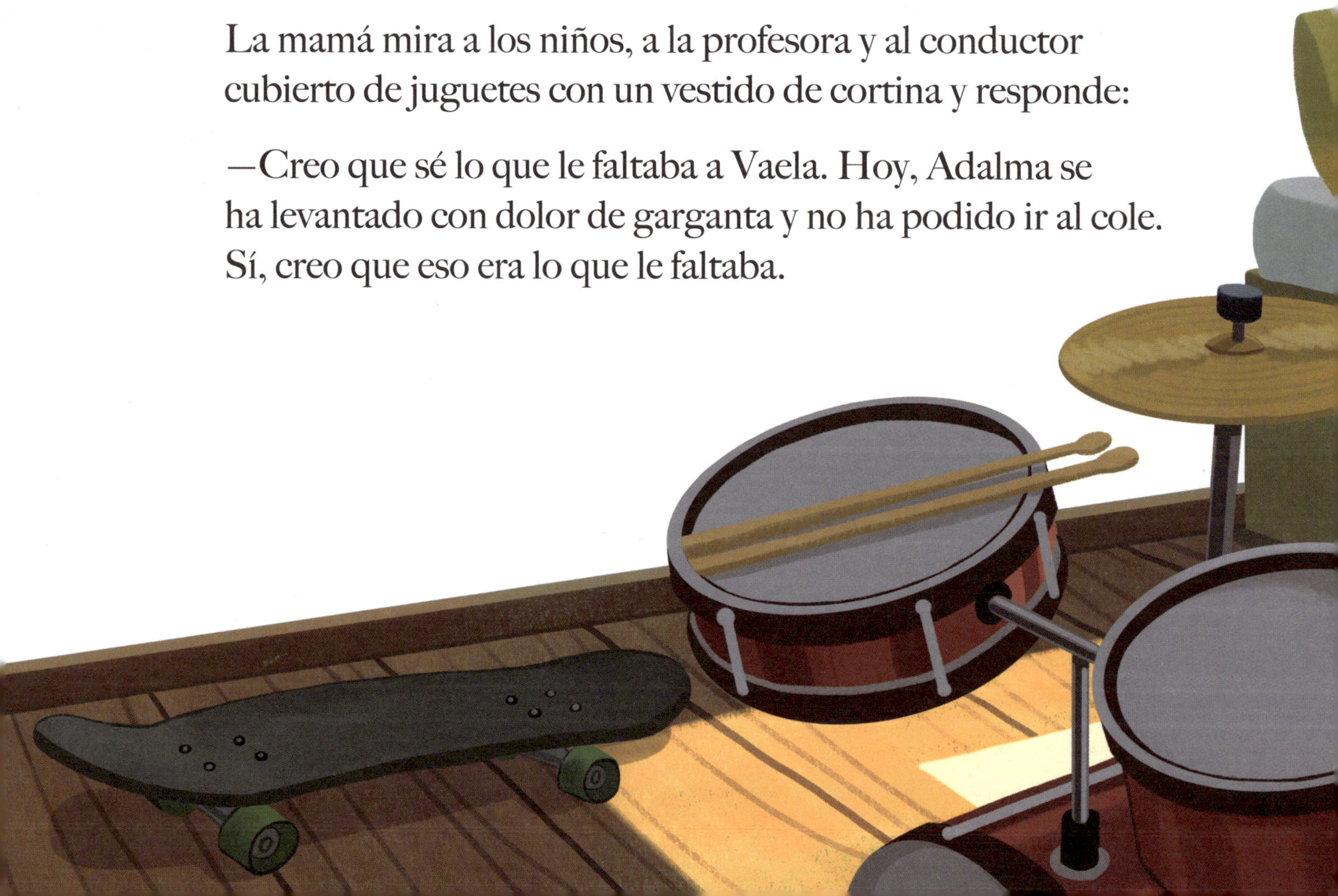

VAELA
ADALMA

—Ahora que ya lo sabes, ¿estás mejor, Vaela?

—Sí, mamá. ¿Puedo volver al colegio?

La profesora mira a los niños.

—Creo que es hora de que volvamos todos, ¡hemos hecho un gran trabajo!

Todos emprenden el camino de vuelta a la escuela, felices y satisfechos porque todo ha quedado resuelto... Bueno, o casi todo...

La profesora recuerda de repente que el aula está hecha una madriguera, que el autobús está medio destrozado y que el pobre conductor sigue sin su ropa.

—... Aunque antes tenemos que montar un autobús, reconstruir una clase completa y devolverle la ropa a Ismael, ¿verdad?

La carcajada del conductor y las risas de los niños cruzan el barrio hasta llegar al patio del colegio. El grupo regresa al cole con Vaela, que ya está feliz.

Adalma sigue jugando bajo la ventana de su habitación. Ahora, el rayo de sol con forma de ola le calienta la espalda...

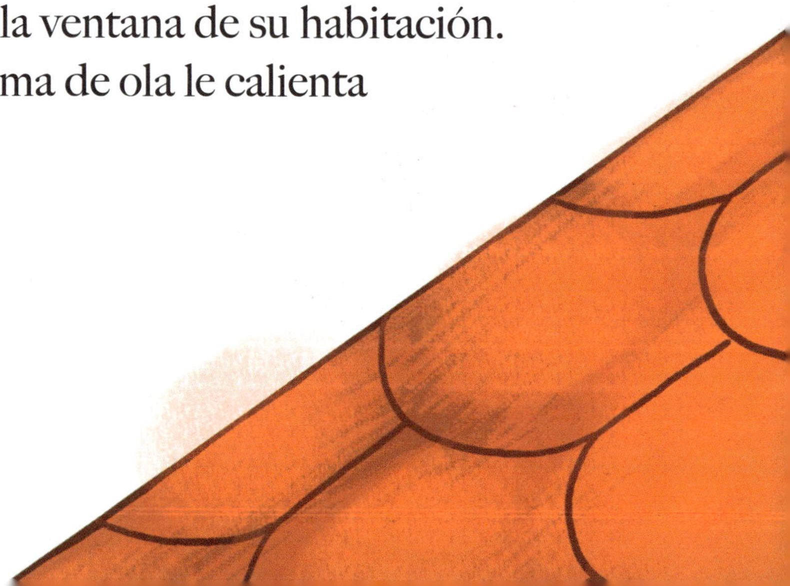

Me falta algo

¿Qué compartimos hablando con ellos?
Sentirse cerca les alivia y protege, pero su separación también es una oportunidad para su desarrollo.

La profesora observa a Vaela, que rebusca dentro de su mochila sacando todo lo que hay dentro: su merienda, horquillas, pañuelos de papel.... Parece no encontrar algo. Con ánimo triste expresa: «Me falta algo pero no sé que es».

- A veces, los hermanos se echan de menos, o se sienten incómodos e inseguros al no tenerse cerca. Los mellizos y gemelos son más propensos a usarse el uno al otro como figuras de apego por su alto grado de proximidad y experiencias compartidas. Su cercanía alivia el dolor, la ansiedad o la frustración.
- Es importante darles herramientas para que aprendan a gestionar las emociones que puedan surgir durante los momentos en que se separan de sus hermanos. Para ello, dadles un espacio para que puedan poner palabras a lo que sienten y hablad con ellos sobre sus preocupaciones futuras. Ayudadles con frases como: «Veo que estás triste por...», «He notado que estabas algo preocupado cuando...». Poner palabras a sus emociones y hablar de sus miedos abiertamente les ayudará a manejar estas situaciones y a reducir su incertidumbre y/o malestar.
- Es muy positivo favorecer la oportunidad de que estén solos de manera paulatina, sin forzar ni presionar: por un lado, les ayuda a tolerar la separación de su hermano para evitar que solo se sientan completos o seguros cuando aquel esté presente; y, por el otro, favorece que se conecten consigo mismos, que atiendan a sus propios sentimientos y a los de las personas que no son su hermano.

¿Sabías que...?

Los hermanos gemelos pueden proporcionar seguridad y confort en un momento de angustia ya desde las primeras etapas de la vida. Como se ha visto en algunas investigaciones, la angustia de los gemelos es mínima cuando son separados de su madre, pero cuentan con la presencia del co-gemelo. Sin embargo, si se separan de su madre y también de su hermano, puede producirse un alto grado de sufrimiento en los gemelos, y la angustia del gemelo aislado se transmite al hermano que se había quedado con la madre durante el periodo de aislamiento.

Atrévete

¡CREA TU DIARIO! Propón a cada uno de ellos crear un pequeño cuaderno: unid varios folios y encuadernadlo con dos cartulinas. Facilítales material para que lo decoren a su gusto: purpurina, pegatinas, goma EVA o foam, papeles de colores transparentes... También pueden incorporar dibujos originales o fotos, elementos de la naturaleza como hojas, etc. Anímalos a escribir las ideas que se les ocurran, curiosidades, cosas que les han pasado y cómo se han sentido... En definitiva, sus vivencias y pensamientos. Al ser un acto íntimo que requiere tranquilidad y silencio, los conducirá a estar conectados con lo que verdaderamente piensan y les permitirá hacer pequeñas reflexiones.

4

Como dos gotas de agua

Vaela y Adalma parecen iguales, pero no lo son. Cuando nacieron, su abuela dijo que parecían dos gotas de agua.

Cuando sus papás las tuvieron en brazos por primera vez, les dieron vueltas en sus manos como si fueran una pelota y no encontraron ninguna diferencia entre ellas.

Al día siguiente, su mamá les pintó una uña del pie de diferente color. Vaela de amarillo y Adalma de verde.

Cuando crecieron un poco, les puso gomas en el pelo de diferente color. Y después camisetas de distinto color.

También vestidos de flores y vestidos de hojas.

Pero ahora, Vaela y Adalma han cumplido cinco años
y saben muy bien que no son iguales.

Vaela tiene un rizo en la frente que crece hacia la derecha
y Adalma tiene el mismo rizo pero crece hacia la izquierda.

Vaela estornuda con un «Achís» y Adalma con un «Achús».

Vaela es muy rápida cuando corre y Adalma salta como si
fuera un saltamontes.

—¿Por qué las personas no se dan cuenta de que no somos iguales, mamá?

—Porque ellos no os ven todos los días. ¡Tendremos que demostrárselo! ¡Pensemos un plan!

Mamá le pinta a Vaela un círculo amarillo en la cara. Dentro está su lunar.

También le pinta un círculo amarillo a Adalma alrededor del lunar de su mano.

Para que todos puedan ver que sus rizos son distintos les enrosca el rizo en un muelle loco. ¡Cada uno va hacia un lado! ¡Parecen antenas de hormiga!

Además, papá ha comprado unas gafas con nariz que son muy graciosas. Una es de color azul cielo y la otra de color azul ballena.

—¡No somos iguales! ¡Solo somos muy parecidas! —gritan las niñas.

Los papás de Vaela y Adalma han reunido a todas las personas que las conocen en el patio de su casa. Los profesores, sus compañeros de clase, sus tíos y primos, los abuelos y el conductor del autobús.

Vaela y Adalma están escondidas detrás de una cortina.

—Ya podéis salir —susurra su mamá.

Cuando salen, todos los asistentes a la reunión abren mucho los ojos porque las niñas tienen antenas, círculos de colores pintados y unas gafas de risa.

—¿Había que venir disfrazados? —pregunta su amigo Beltrán.

—No —responde Vaela—. Esto es un experimento científico.

—Vamos a demostraros que no somos tan idénticas como pensáis.

Todos esperan mientras miran a las niñas, pero no pasa nada.

—Hay que esperar a que venga —susurra Vaela.

—¿A que venga quién? —pregunta la abuela—. Estamos todos.

—Hay que esperar. Hemos visto en el móvil que viene a las seis.

—¿Quién? ¿Quién viene a las seis?

Todos miran sus relojes. Son las seis y dos minutos.

—Puede que se retrase un poco —dice el papá.

Pasan otros diez minutos.

—Yo me hago pis —dice un niño del cole—. ¿Cuánto tendremos que esperar?

De repente, una nube color gris delfín tapa el sol.
Una ráfaga de viento despeina a todos los invitados.
Los muelles de Vaela y Adalma van de un lado a otro.

—¡Ya viene! —grita Adalma.

18:02
18:02
18:02

Cuando empieza a llover, Adalma grita:

—¡Recogedlas! ¡Recogedlas!

—¿El qué? —responde la profesora, de pie, mientras se tapa la cabeza con una silla—. ¿Qué recogemos? ¿Las sillas?

—No, no —grita riéndose Vaela—. Las gotas de agua. Recoged una gota de agua cada uno.

—¿Una sola? —responde el conductor del autobús, que ya tiene todo el pelo mojado como una fregona.

—No es fácil, pero intentadlo.

Los amigos y familiares de Vaela y Adalma se están mojando y empiezan a divertirse mucho. Solo piensan en cómo lograr recoger una sola gota de agua.

—¡¡Es imposible!! —ríe sin parar la profesora mientras juega. A los pocos minutos, todos están mojados como si acabaran de bañarse. Tienen todo el cuerpo lleno de gotitas de agua. Poco a poco, deja de llover...

—Todas mis gotas están en este charco —Beltrán salta dentro de él y moja las pantorrillas de sus amigos. Nadie se enfada porque todos estaban ya mojados.

De repente, ocurre lo que nadie podía imaginar.

—¡Yo las tengo! —grita el papá de Vaela y Adalma.

Todos se vuelven hacia él. ¿Cómo lo habrá conseguido? Lleva un marco de foto en la mano. El cuadro tiene el cristal hacia arriba.

—¡Aquí están mis gotas! —todos se acercan y hacen un corro. Las gotas de agua están en el cristal que cubre una foto de Vaela y Adalma.

—Somos nosotras —dice Vaela—, pero no somos como dos gotas de agua.

—Nosotras no somos idénticas y las gotas de agua tampoco. Los niños miran con atención y se dan cuenta de que las gotas que parecen iguales al caer del cielo son distintas sobre el cristal. Tienen formas diferentes y alguna, incluso, una burbuja muy graciosa.

—¡Tengo una idea! —grita la profesora con la camisa empapada—. Mirad lo que llevo en el bolso —vacía el agua del bolso, que parece una fuente, y saca un microscopio muy grande.

—Miraremos las gotas de agua por el microscopio y veremos que no hay ninguna gota igual por dentro. Cada una lleva miles de pequeñas vidas en su interior.

La profesora pone el microscopio sobre la mesa y los niños se van acercando.

Todos quieren mirar.

—¿Podéis verlo?

Efectivamente, no hay una gota que sea igual a la otra.

La fiesta ha terminado. Vaela y Adalma despiden a sus amigos y familiares. Adalma coge la cara de su abuela entre sus manos.

—Abuela, ¿te das cuenta de que no somos como dos gotas de agua?

La abuela mira a su nieta y una lágrima cae desde sus ojos color azul cielo y ballena.

—¡Abuela! ¡Abuela! ¡Otro descubrimiento! —grita contenta Adalma—. Creo que tampoco hay dos lágrimas iguales. Vamos a verlas.

Todos vuelven corriendo al microscopio y cogen una a una las lágrimas.

—¡Llora más, abuela! ¡Llora más!

—Pero ya no tengo ganas...

—¡Llora, por favor!

Cuando miran las lágrimas por el microscopio encuentran recuerdos de Vaela y Adalma cuando eran bebés.
El primer día que caminaron. La primera vez que las sostuvo en brazos. Una niña que se parece a su mamá y que juega en un árbol, y una pelota que rueda hasta las manos de dos bebés que se parecen mucho a ellas.

Como dos gotas de agua

¿Qué compartimos hablando con ellos?
La importancia de sentirse valorado como un ser humano único.

Vaela es muy rápida. Adalma salta como un saltamontes. ¿Y vuestro hijo o hija? ¿Cómo es? Podéis hablar con cada uno de ellos a solas sobre cuál cree que es su mayor cualidad.

→ Es muy común que los padres de mellizos o gemelos tiendan a tratarlos de forma similar por querer ser absolutamente equitativos. Está bien respetar ese vínculo tan especial que los une, pero tened en cuenta que ¡no hay mayor igualdad que proporcionarle a cada hijo lo que necesita según su propia identidad!

→ Enfatizad su individualidad, no fijéis siempre la atención en las similitudes e intentad respetar sus gustos individuales. Por ejemplo, podéis celebrar sus cumpleaños con temáticas diferentes. Pero ¡ojo!, que no sea todo excluyente como si cada temática, o un color, o un tipo de ropa, fuera propiedad exclusiva de uno de ellos. Favoreced, también, que tengan amigos diferenciados.

→ Puede que, en ocasiones, les moleste que les llamen «los gemelos». Recordadles que pueden tener la libertad de decírselo a sus compañeros, pedirles que traten de conocerlos como personas distintas entre sí.

→ A veces, tendemos a separar a los mellizos o gemelos porque advertimos en ellos algunas habilidades que —pensamos— pueden hacer que uno destaque y el otro se sienta inferior (por ejemplo, cuando hacen los deberes). Es normal experimentar ciertas frustraciones ante esas diferencias, también de esas desigualdades se aprende. Si veis que hay desequilibrio y «uno sigue al otro» con frecuencia, favoreced espacios separados en horarios diferentes, así emergen esas diferencias y cada uno puede desarrollar su propia personalidad a su ritmo.

→ Eliminad las etiquetas para clasificar las diferencias entre hermanos. Etiquetarlos reduce todas sus potencialidades, los fuerza a ser solo como esas etiquetas les dicen que son. Cuando habléis de ellos, hacedlo como PERSONAS ÚNICAS sin utilizar cualidades opuestas para definirlos («ella es la atrevida y él, el miedoso»). Tampoco utilicéis comparaciones («ella es más simpática que su hermana», «él es más centrado que ella pero menos habilidoso»).

¿Sabías que...?

Tratar a cada hermano como una persona única es más sencillo si son gemelos o mellizos con unas diferencias físicas más evidentes. El grado de semejanza de los hermanos influye en su relación de dependencia. Los gemelos de gran parecido físico pueden ser más dependientes entre sí que, por ejemplo, los mellizos niño-niña.

Atrévete

¡ASÍ ME VEO! Invitadlos a que se pongan su ropa favorita o un disfraz, que hagan una pose que les guste o muestren una actitud que los caractericen. Hacedles una foto e imprimidla. Más tarde, usando arcilla blanca, pueden intentar hacer una escultura de sí mismos basándose en la foto. Pueden añadir aquellos detalles que quieran y pintarla. Si son muy pequeños, podéis ayudarlos. Así tendrán un recuerdo maravilloso de cómo se veían a sí mismos cuando leísteis este cuento.

5

Mamá es mía

Existe un mundo en blanco en el que cualquier cosa puede pasar. Es un mundo precioso que, a veces, está totalmente vacío y otras, sin embargo, completamente lleno de palabras y de dibujos. Es el mundo de los cuentos que están por escribir. Y también es el mundo en el que viven Noa y Neo. ¡Bienvenidos!

Neo y Noa acaban de descubrir, con asombro, que aunque ellos son dos, solo tienen una mamá.

Su mamá se arrodilla a su lado y les acaricia la cara.

—Tú eres solo una mamá —dice Neo sorprendido.

—Y nosotros queremos una para cada uno —replica Noa.

—Yo no pudo dividirme. Soy una única mamá para los dos.

Los niños se acercan hasta que sus narices se tocan.

—Entonces lucharemos por ti.

La mamá abre muchos los ojos y empieza a tiritar como una maraca.

—Ganará el que consiga que le haga más caso —Noa pone las reglas.

—Está bien —responde Neo.

Neo sale de la página en busca de algo y Noa también...

La mamá oye los pasos de los niños fuera del cuento. Unos segundos después, Neo regresa con un escabarabajo-silbato y pita en el oído de la mamá, que se asusta y da un salto.

Poco después llega Noa con un caracol-trompeta y hace que suene en la otra oreja de la mamá. Ella da un brinco y se tapa los oídos. Neo y Noa vuelven a salir de la página.

Neo vuelve ahora con un oso-tambor y golpea muy fuerte su panza. La mamá se pone una cacerola en la cabeza para aplacar el ruido. Noa regresa con una vaca-megáfono que muge al lado de la cabeza de la mamá.

¡Múuuuuuuu!

Los pelos de la mamá se ponen de punta y la cacerola sale disparada.

Los niños salen corriendo de nuevo en busca de un sonido aún más fuerte.

—A mí me hará más caso —grita Noa.

—No —responde Neo—, me hará más caso a mí.

Noa regresa con un loro gigante con cabeza de sirena de ambulancia. NINONINONINO.

Neo ha traído un mono campana. DONGDONGDONG.

La mamá se cae de espaldas por el ruido atronador.

Los niños juntan a todos sus animales-instrumento y hacen que suenen a la vez como una orquesta.

—¡Esta mamá es para mí!

—¡NO, es para mí!

Neo mira a su hermana:

—Tengo una idea.

El niño sale del cuento y trae una serpiente-cremallera, la pone encima de la mamá y la abre.

Mamá es ahora una mamá partida en dos.

—Esto no funciona, Neo —dice Noa—. Queremos una sola mamá. Cierra la cremallera.

Los niños ya no saben qué hacer para poder compartir a su mamá.

—Y ahora, ¿a quién vas a hacerle más caso?

—Os haré caso a los dos —responde ella dulcemente.

—Pero, ¿cómo lo harás?

—Con amor —contesta ella.

—Pero, ¿se puede compartir el amor?

—Yo no quiero compartirlo —dice Neo.

—Yo tampoco —afirma Noa.

—Soy la mamá de los dos y creo que tengo una solución.

Ahora es la mamá la que sale del cuento y vuelve con una tortuga-moneda. ¿Qué elegís? ¿Cara o cruz?

—Yo, cara —dice Noa.

—Yo, cruz —elige Neo.

La mamá lanza la tortuguita al aire y la recoge en sus manos.

—Ha salido cruz, Neo. Empezaré contigo. Coge tu juguete favorito y vayamos a pasear. Noa nos esperará en el cuento.

Noa se queda sola jugando y escucha a su mamá y a su hermano jugar fuera de la página. Al poco tiempo, los dos regresan.

—Ahora te toca a ti, Noa. Coge tu juguete favorito y vayamos a dar un paseo. Neo escucha como su hermana y su mamá ríen y juegan más allá de las páginas del cuento.

A la vuelta, la mamá se sienta entre los dos.

—¿Habéis comprendido que todo se puede compartir, incluso el amor?

La mamá estira sus brazos con forma de alas y todo el cuento se llena de plumas. Mamá parece un pájaro gigante. En su regazo hay nubes calientes y su pelo es una cortina de cascabeles que suenan como estrellas al chocar. Los niños se acurrucan junto a ella y se echan a dormir.

—Buenas noches, cachorritos —dice la mamá-pájaro.

—Hasta mañana... —dice Neo.

—Hasta mañana... —dice Noa.

Los hermanos bostezan a la vez y dicen al unísono:

—Mamá.

Mamá es mía

¿Qué compartimos hablando con ellos?
Expresar sus celos y el compromiso de pasar un momento especial a solas con cada uno.

Noa y Neo reclaman una mamá para cada uno de ellos, pero ella les dice: «Yo no puedo dividirme. Soy una única mamá para los dos».

- Lo que más desea un niño en este mundo es ATENCIÓN. Quieren tener a su mamá o a su papá en exclusiva, y los padres sienten el corazón dividido en dos. Lucharán por vuestro primer abrazo, por ir a vuestro lado cuando vayáis de viaje o por ser ayudados primeros cuando necesitan de vosotros. Hablad con el hijo al que le toca esperar: «Enseguida estarás conmigo, cariño». Si uno de ellos es muy sensible y puede acusar mucho los celos, elogiadlo y valoradlo de manera especial, así se sentirá atendido para crecer con una autoestima sana.

- Existe la tendencia a tratar a los hermanos buscando una igualdad radical. Se suele entender que cualquier diferencia en el trato es algo que les puede herir. Pero en ocasiones es preferible buscar el equilibro y no la igualdad extrema. Pasar un buen rato o un momento especial a solas con cada hijo creando dos relaciones más individualizadas les hará sentirse felices. Realizad actividades con cada hijo por separado, escapaos a algún lugar con él mientras su hermano se queda en buenas manos. Los hermanos gemelos, mellizos o de partos múltiples disfrutan enormemente de esos momentos «a solas con mamá o papá», ya que disponen de un momento de atención exclusiva ¡donde ser el protagonista por un día! Podéis fijar los días en el calendario y alternar, así sabrán cuando esperar ese gran momento.

- Habladle abiertamente sobre los celos que siente. Por ejemplo, utilizando frases como: «Veo que no te gusta que...», «Todos podemos sentir celos alguna vez». Charlando con naturalidad, disminuirá la culpa por sentir celos hacia su hermano al que quiere tanto.

- Dadles la oportunidad de resolver los conflictos por sí mismos. Cuando os reclamen, no os involucréis precipitadamente ni acudáis de inmediato. Respirad hondo, observad desde la lejanía y... ¡confiad! Así, no competirán tanto por vuestra atención, por tener razón delante de vosotros o por ver del lado de quién os ponéis. Intervenid solo en aquellos momentos difíciles donde puedan hacerse daño.

¿Sabías que...?

Los celos no tienen por qué tener siempre un significado negativo. Cuando los niños sienten celos, sabrás lo que realmente es significativo para ellos. Desde esta perspectiva, podrás ayudar a tu hijo brindándole la oportunidad de manejar su frustración y desarrollarse feliz.

Atrévete

Realiza un collage sobre una cartulina. Selecciona algunas fotos o recortes de revistas sobre aquellas cosas que te gustaría que tus padres hicieran contigo o aquellos lugares a los que desearías ir para pasar más tiempo juntos y a solas. Puedes personalizar los bordes de las fotos y añadir otras texturas o texto para indicar lo que prefieres. Si las pegas en la pared de tu habitación, podrán saber las ideas que les propones y que querrías que fueran cumpliendo poco a poco para hacer tus sueños realidad.

6

La nuez

Noa y Neo eran tan pequeños cuando nacieron que tuvieron que pasar su primera noche dentro de una nuez.

Seguían dormidos cuando los cambiaron a una caja de zapatos.

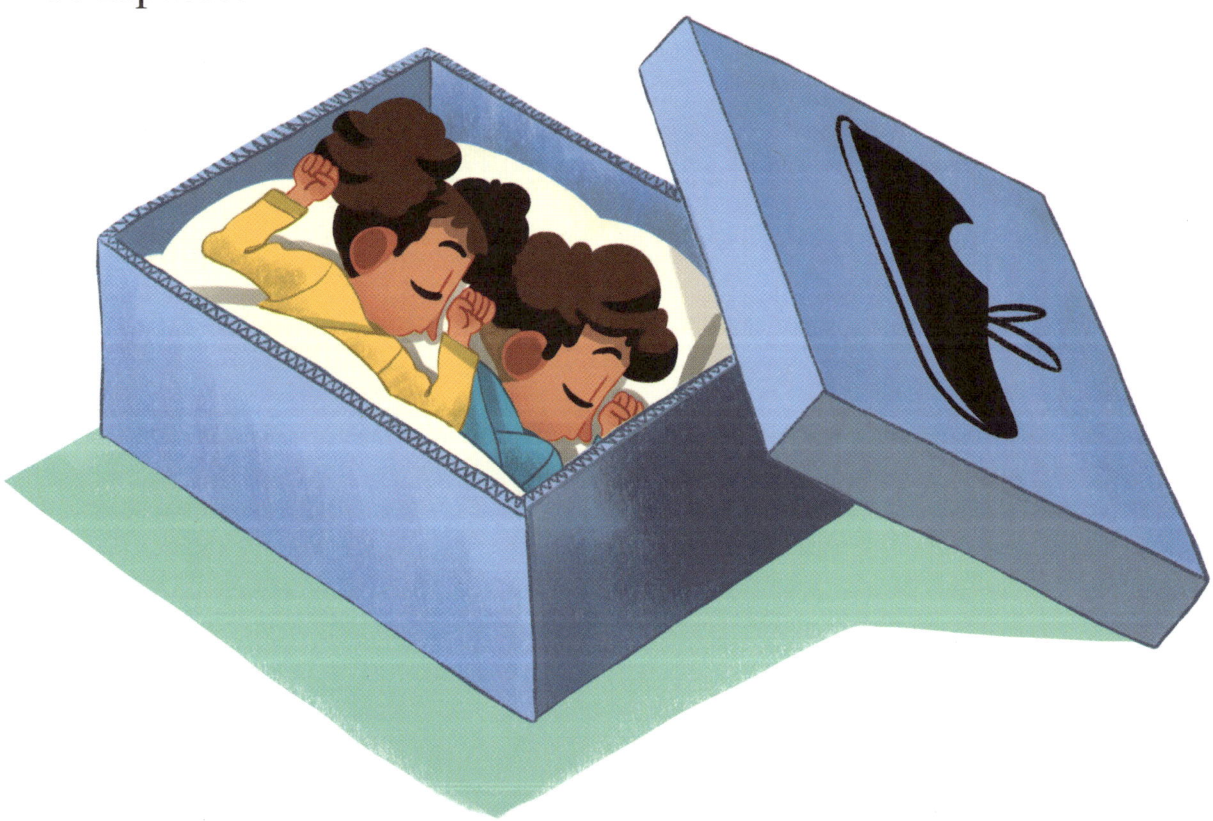

Y luego a una sandía vacía que los acunaba. ¡Qué redondita y qué dulce!

El último lugar en el que durmieron Noa y Neo antes de ponerse de pie por primera vez fue un nido de cigüeñas.

Al salir del nido de cigüeña, Noa miró a Neo.

—Yo me llamo Noa.

—Y yo, Neo.

—Yo soy más alta —le dijo Noa acercándose mucho a su cara.

—Y yo más fuerte —el niño hizo lo propio hasta tocar la nariz de su hermana.

—Yo salto más alto.

—Yo corro más rápido —ambos alzaron la voz.

—¡Yo grito más fuerte!

—¡Yo respiro más profundo!

Y Noa y Neo pasaron el primer día de su vida en pie discutiendo para ver quién era más rápido o más alto o más fuerte.

Pero, de repente, se quedaron en silencio cuando, de la parte superior de la página de este cuento, cayeron un montón de cosas como si procedieran del interior de una piñata invisible.

Los niños empezaron a revolver y encontraron palas, balones, escobas, carretillas, dos capas para volar, un camión con pies de elefante y una ballena con cara de pájaro, juguetes, servilletas, plumas para sombreros, plumas para almohadas, silbatos y zapatillas de ballet, gafas de risa y regaderas, pinceles, caballetes, libros, muñecas, cuentos en blanco, cuentos con dibujos de caras de patatas, aviones, excavadoras, grúas, coches y un dinosaurio con ruedas.

—¿Todo esto es para nosotros?

Neo levantó los hombros sin saber qué responder. Los hermanos se miraron de nuevo, pusieron los brazos en jarras y volvieron a acercarse hasta tocarse la nariz. Ambos se miraron muy serios y en actitud desafiante.

—Me quedaré el balón y el cuento de las patatas —dijo Noa.

—Yo también quiero el balón —respondió Neo.

—Pues entonces yo elijo la ballena con cara de pájaro, el dinosaurio y el camión y la excavadora.

—Y yo una regadera y unas plumas para la almohada.

—Me gustan los aviones —los niños volvieron a poner los brazos en jarras.

—A mí también.

—También hay ropa...—comenzaron a alzar la voz.

—¡Yo quiero lazos!

—¡Yo quiero la falda de tul!

—¡Yo elijo las zapatillas!

—¡Y yo!

Y así fue como Neo y Noa pasaron el segundo día de su vida en pie discutiendo y eligiendo lo que más les gustaba.

Al tercer día, Noa y Neo sintieron que la parte inferior de la página de este cuento temblaba y surgió de la nada un muro enorme. Los niños siguieron a lo suyo:

—Yo soy más fuerte.

—Yo salto más.

—Yo tengo zapatillas —los hermanos volvieron a desafiarse y juntaron sus narices.

—Yo puedo escalar el muro.

—Y yo también puedo —Noa y Neo ya tenían los brazos en jarras.

—¡Pero yo lo haré más rápido!

—¡Pero yo lo haré mejor! —una vez más, los niños alzaron la voz.

—Yo tengo un avión al que subirme.

—Y yo una almohada de plumas.

Los dos intentaron escalarlo, pero no pudieron.

—De nada me sirve ser más fuerte.

—De nada me sirve saltar más.

Los niños se miraron y supieron lo que tenían que hacer. Cogieron todas las cosas que habían elegido e hicieron una montaña. Después, Noa se subió a la cima, y Neo se subió a sus hombros. Desde lo alto del muro, Neo agarró los brazos de su hermana y la subió hasta lo alto.

Juntos lo consiguieron y se abrazaron. Entonces, miraron lo que había al otro lado del muro.

—Mira, Neo, desde aquí podemos ver todo lo que hay dentro del cuento.

—A lo lejos veo dos niños montados en delfines. ¡Parece que van hacia una isla!

—Y mira allí. Hay dos niñas jugando con sus amigos bajo una cortina de lluvia.

—Vayamos a conocerlos.

Y Neo y Noa saltaron dentro de este cuento para reunirse con sus nuevos amigos.

Al rato de marcharse, el muro se escondió de nuevo, la montaña de cosas voló hasta desperdigarse fuera de la página y el cuento se quedó en blanco.

Preparado para recibir nuevas aventuras.

La nuez

¿Qué compartimos hablando con ellos?
Normalizar la competencia y rivalidad, si con ello se favorece la expresión positiva de sus diferencias.

Noa y Neo comparten espacio desde pequeñitos, pero pronto empiezan a discutir por ver quién es más rápido o más fuerte y desean tener aquello que el otro tiene.

➜ Los hermanos gemelos y mellizos ya comparten desde el primer día el útero materno y pueden competir desde entonces «por el mejor sitio»: se dan pataditas para empujarse, pero también se arropan acurrucándose el uno junto al otro. Pero la expectativa —demasiado arraigada— de que «lo comparten todo» y «están siempre juntos», como si en su relación no pudieran existir las mismas disputas y competencia que tendría cualquier tipo de hermanos, hace que la rivalidad se viva de manera más angustiosa. Podéis animarles a compararse de una forma constructiva, pedidles que terminen la frase: «Lo que me gusta de mi hermano o hermana es…». Así también se valorarán entre ellos.

➜ Seguramente os sonarán expresiones como «es un clon», «son como copias», o «es tu doble», como si el hecho de ser iguales tuviese que determinar una relación ideal entre ellos.

La competencia no ha de ser vista como algo perjudicial. Un conflicto no es ni negativo ni positivo en sí mismo sino dependiendo de cómo lo manejemos. No hay por qué evitarlo o rehuirlo, ya que puede ser una oportunidad positiva para su desarrollo. Brindadles la oportunidad de elaborar estrategias para negociar o para reafirmarse en lo que uno quiere y defenderlo asertivamente, saber decir NO al otro también es muy sano para su autoestima. Y recordadles que, en toda negociación que se preste, ambos deben ceder una pequeña parte para disfrutar de un bien común.

➜ Promoved su autonomía y su individualidad, pero también la solidaridad y la cooperación. Proponedles juegos que no estén enfocados siempre a ganar. Equilibrad los diferentes tipos de juego (de mesa, deportivos…) y fomentad aquellos en los que necesiten cooperar, crear lazos de confianza y compromiso y que les inviten a unirse para lograr un fin. Como, por ejemplo, elaborar y decorar un riquísimo pastel o llevar entre los dos una pequeña pelota espalda con espalda hasta llegar a la meta sin que se les caiga.

¿Sabías que…?

La competencia entre hermanos gemelos es un juego de «comparación y contraste» donde poder mostrar sus identidades, por lo que puede convertirse en una expresión positiva de sus diferencias. Si bien eso es cierto, es importante ayudar a manejarla, ya que la competencia entre hermanos e iguales tiende a generar sentimientos de envidia y hostilidad dificultando el desarrollo de la empatía y la cooperación.

Atrévete

Este cuento está preparado para recibir nuevas aventuras. Dedica unos minutos a pensar y rellenar la página en blanco de este cuento. Puedes hacer una lista de aquellos juegos o experiencias en los que se precisa de cooperación. Ahí van algunas ideas como ejemplo: crear una coreografía de baile, elaborar un guión para escenificar una pequeña obra de teatro, preparar una rica receta…

¡Enhorabuena a todos los mellizos, gemelos, y a sus madres, padres y familiares! Venir acompañado al mundo es el mejor de los comienzos.